L'Agenda 2021-2030 Exposé !

Puces à Vaccins et Passeports COVID-19, la Grande Réinitialisation et la Nouvelle Normalité ; Nouvelles Inédites et Réelles

Rebel Press Media

Avis de non-responsabilité

Nos autres livres

Consultez nos autres livres pour découvrir d'autres informations inédites, des faits exposés et des vérités démystifiées, et bien plus encore.

Rejoignez le cercle exclusif des médias de Rebel Press !

Chaque vendredi, vous recevrez dans votre boîte de réception une nouvelle mise à jour de la réalité non rapportée.

Inscrivez-vous ici dès aujourd'hui :

https://campsite.bio/rebelpressmedia

Introduction

L'archevêque affirme que l'"État profond" et l'"Église profonde" travaillent main dans la main à l'établissement d'un empire mondial antichrétien - La coopération étroite du Vatican avec la Chine est une "trahison honteuse de la mission de l'Église".

Le programme "Great Reset - Build Back Better", tel qu'il est actuellement déployé en Occident, n'est rien d'autre que "l'établissement du royaume de l'Antéchrist", selon l'archevêque Carlo Maria Viganò. Au cours des derniers mois, M. Viganò, l'un des plus farouches opposants du pape François, s'est exprimé à plusieurs reprises en termes forts sur ce qui est fait sous le couvert de la lutte contre un virus. Par exemple, il a qualifié la fraude électorale colossale aux États-Unis d'"attaque des ténèbres contre l'humanité", et à l'automne 2020, il a écrit une lettre à Donald Trump pour avertir le président que la Grande Réinitialisation est une "conspiration mondiale contre l'humanité et contre Dieu".

Table des matières

Chapitre 1 : Le nouveau leader

Le pape catholique romain François est le "chef spirituel de la nouvelle religion mondialiste universelle".

L'archevêque a notamment évoqué le rôle central que joue, selon lui, la Chine dans l'"État profond" mondial. La Chine veut étendre son pouvoir économique dans le monde entier, et entre-temps, chez elle, "restaurer la tyrannie maoïste". Cela nécessite l'abolition des religions (en particulier des religions catholiques). Elles seront remplacées par la religion d'État, qui a beaucoup de points communs avec la religion mondialiste universelle, dont Bergoglio (le pape François) est le chef spirituel.

Viganò appelle constamment le pape François par son vrai nom, car il ne le reconnaît pas comme le vrai pape. Benoît XVI aurait été déposé par l'"Église profonde" et remplacé par le jésuite Bergoglio, avec l'aide directe de l'administration Obama. Cette conspiration a été démontrée par WikiLeaks, qui a publié les courriels piratés d'Hillary Clinton et de John Podesta*, l'ancien chef de cabinet de son mari Bill, puis brièvement conseiller d'Obama.

(John Podesta était l'une des figures centrales du tristement célèbre "pedo-pizza gate", qui a été rejeté par les médias comme une théorie du complot, mais qui ressortait très clairement des courriels piratés).*

La coopération étroite entre le Vatican et la Chine "est une grave trahison de l'Église".

La complicité de l'Église profonde de Bergoglio dans ce projet diabolique a privé les catholiques chinois de la défense impérissable que la papauté a toujours été pour eux. Jusqu'à Benoît XVI, la papauté a refusé de conclure le moindre accord avec la dictature de Pékin... Les soupçons que la Chine soit impliquée dans la démission de Benoît XVI sont très forts, et sont cohérents avec le tableau tel que nous l'avons vu se développer ces derniers mois."

'En conséquence, nous sommes maintenant confrontés à une trahison honteuse de la mission de l'Église du Christ, menée par ses plus hauts dirigeants, en conflit ouvert avec les membres de la hiérarchie clandestine catholique chinoise qui sont restés fidèles à notre Seigneur et à son Église.' Il espère donc qu'il reste encore des gouvernements dans le monde qui n'ont pas été corrompus et minés par l'État profond, et qu'ils se soucient du sort des fidèles en Chine et agissent. *(Au moins en Occident, ces gouvernements n'existent plus).*

L'étroite coopération entre le Vatican et la Chine est "une grave trahison de l'Église par ses dirigeants". Nous pourrions également supposer que dans certains cas, cette trahison est commise non seulement par des individus, mais aussi par les institutions elles-mêmes, comme c'est le cas de l'Union européenne, qui finalise actuellement un accord commercial avec la Chine, malgré la violation systématique des droits de l'homme et la répression violente des dissidents dans ce pays". *(Et peut-être est-ce aussi parce que l'UE est occupée depuis de nombreuses années à se faire une copie de la Chine en termes technocratico-autoritaires).*

Joe Biden est un "désastre inimaginable" pour le monde, "l'homme sert un programme anti-chrétien".

Joe Biden à la Maison Blanche signifie, selon l'archevêque, " un désastre irréparable " pour le monde. En même temps, "il n'est indiscutablement qu'une marionnette entre les mains de l'élite, qui est prête à le destituer dès qu'elle décidera de le remplacer par Kamala Harris". Le vice-président d'extrême gauche de Biden, il faut le noter, est régulièrement appelé "président" par Biden lui-même. Le dément Biden, qui peut à peine prononcer deux phrases complètes d'affilée sans perdre le fil, sait donc lui-même qu'il sera vraisemblablement remplacé par Harris au cours de son premier mandat, qui transformera définitivement les États-Unis en une dictature climatovaccinale communiste d'acier, à l'instar de ce qui se passe actuellement dans l'UE.

'L'asservissement de Bergoglio à l'agenda mondialiste est clair, tout comme son soutien actif à Joe Biden.' C'est la raison pour laquelle le pape actuel s'est montré si hostile à Trump, 'qui, à ses yeux, était un obstacle qu'il fallait éliminer pour que la Grande Réinitialisation puisse être mise en marche.... Joe Biden sert l'idéologie mondialiste et son agenda pervers, anti-humain, anti-chrétien et diabolique.''

Chapitre 2 : Exposer la vérité

La corruption et les crimes commis par les dirigeants de l'Église doivent être révélés".

Pour arrêter l'Église profonde et restaurer l'Église catholique, "l'étendue de l'implication des dirigeants de l'Église avec le projet maçonnique mondialiste doit être révélée, ainsi que la nature de la corruption et des crimes commis par ces hommes". Sous François, dit-il, l'Église a été "prise en charge par des mercenaires".

Les catholiques, cependant, ont encore, selon lui, "le temps d'arrêter ce renversement global et l'établissement de l'Ordre Nouveau. Qu'ils réfléchissent au type d'avenir qu'ils souhaitent pour les générations futures et à la destruction de la société. Qu'ils réfléchissent à leur responsabilité envers Dieu, leurs enfants et leur nation.

Toutefois, il a tenu ces propos à un moment où certains espéraient encore que le coup d'État électoral illégal aux États-Unis pourrait encore être inversé et que Biden serait écarté de la Maison Blanche. Si cela ne réussit pas, cependant, "les États-Unis seront rayés de l'histoire".

Les médias grand public sont un allié indispensable de l'État profond

Le plan de la Grande Réinitialisation utilise les médias grand public comme un allié indispensable ; les entreprises médiatiques (occidentales) sont presque toutes une partie active de l'État profond, et savent que le pouvoir qui leur est garanti à l'avenir dépend exclusivement de leur soumission servile à cet agenda.

Le fait que les opposants à la Grande Réinitialisation soient invariablement qualifiés de "théoriciens du complot" est, dit-il, "la confirmation de l'existence de cette conspiration, et du fait que ses exécutants sont très consternés que cela ait été découvert et annoncé au public". Pourtant, ils disent eux-mêmes que rien ne restera inchangé ("la nouvelle normalité"), et "reconstruire en mieux", pour nous faire croire que les changements radicaux qu'ils veulent imposer sont nécessaires en raison de la pandémie, du changement climatique et des avancées technologiques.

Il y a quelques années, l'expression "Nouvel Ordre (Mondial)" était qualifiée de "pensée conspirationniste", mais aujourd'hui tous les dirigeants du monde, y compris le Pape, en parlent ouvertement, proposant exactement ce système totalitaire mondial contre lequel les soi-disant "penseurs de la conspiration" mettent en garde depuis si longtemps. Des personnalités comme Klaus Schwab (WEF) et Bill Gates n'ont même pas honte d'affirmer qu'une pandémie était nécessaire pour faire passer ce "Great Reset", ce renversement total de notre société, avec la pleine coopération des gouvernements nationaux.

Le fondement d'une société future sans parents, sans religion, et l'imposition d'un culte diabolique".

S'ils parviennent à prendre le contrôle total de nos pays, nous aurons une société avec "des familles sans père ni mère, la polygamie, la sodomie, des enfants qui peuvent changer de sexe, l'abolition de la religion et l'imposition d'un culte diabolique, l'avortement et l'euthanasie, l'abolition de la propriété privée, une dictature de la "santé" (vaccins) et une pandémie éternelle. Est-ce là le monde que nous voulons, que vous voulez pour vous, vos enfants, votre famille et vos amis ?

Nous devons tous prendre conscience de la haine que les partisans de ce Nouvel Ordre Mondial et de la Grande Remise détestent les valeurs inaliénables de notre civilisation gréco-chrétienne, telles que la religion, la famille, le respect de la vie et des droits inviolables de l'individu humain, et la souveraineté nationale.

Chapitre 3 : L'église profonde

Un groupe de conspirateurs était et est toujours actif au cœur de l'Église pour les intérêts de l'élite. La plupart d'entre eux sont visibles, mais les plus dangereux sont ceux qui ne se montrent pas, qui ne sont jamais mentionnés dans les journaux. Ils n'hésiteront pas à forcer Bergoglio à démissionner s'il ne suit pas leurs ordres, comme ils l'ont fait avec Ratzinger. Ils veulent transformer le Vatican en une maison de retraite pour papes émérites, détruire la papauté et s'emparer du pouvoir - exactement la même chose que ce qui se passe dans l'État profond, où Biden est l'équivalent de Bergoglio."

Pour renverser l'État profond et l'Église profonde, trois choses sont nécessaires :

Nous devons prendre conscience du plan mondialiste, et de la mesure dans laquelle il contribue à l'établissement du royaume de l'Antéchrist, puisqu'il partage les mêmes principes, moyens et objectifs ;

Deuxièmement, nous devons rejeter fermement ce plan diabolique, et demander aux pasteurs de l'Église - ainsi qu'aux simples croyants - de le défendre et de rompre leur silence complice : Sinon, Dieu leur demandera des comptes pour leur apostasie ;

Enfin, il faut prier et demander au Seigneur de donner à chacun de nous la force de résister à la tyrannie idéologique qui nous est imposée quotidiennement, non seulement par les médias, mais aussi par les cardinaux et les évêques qui sont sous la coupe de Bergoglio".

Si nous prouvons que nous tenons bon face à cette tentation, si nous... ne nous laissons pas séduire par "les faux Christs et les faux prophètes", alors le Seigneur nous donnera - au moins pour le moment - la défaite de l'attaque des enfants des ténèbres contre Dieu et les hommes. Mais si, par peur, nous suivons le prince de ce monde... nous serons condamnés avec lui à une défaite inexorable et à la damnation éternelle."

Je frémis pour ceux qui ne réalisent pas cette responsabilité envers Dieu pour les âmes qui leur sont confiées. Mais à ceux qui combattent courageusement pour défendre les droits de Dieu, de la nation et de la famille (des croyants), le Seigneur assure sa protection."

Croyez-vous parfois que les partisans de Satan sont honnêtes et sincères ?

Vous n'avez pas échoué dans cette bataille, car c'est votre devoir sacré d'apporter votre contribution en prenant le parti du Bien. D'autres, accros à la corruption, ou aveuglés par une haine infernale de notre Seigneur, ont choisi le camp du Mal".

Ne pensez pas que les enfants des ténèbres agissent de manière honnête, et ne soyez pas choqués qu'ils recourent à la tromperie. Ou bien croyez-vous parfois que les partisans de Satan sont honnêtes, sincères et loyaux ? Le Seigneur nous a mis en garde contre le diable, qui "a été dès le commencement un meurtrier d'hommes, et ne se tient pas dans la vérité, car il n'y a pas de vérité en lui. Quand il profère le mensonge, il parle selon sa nature, car il est menteur et père du mensonge". (Jean 8:44)

Ramassez vos armes spirituelles maintenant que l'enfer semble gagner.

Maintenant que les portes de l'enfer semblent gagner, permettez-moi de faire appel à vous. Je vous fais confiance pour y répondre immédiatement et généreusement. Je vous demande de mettre votre confiance en Dieu, un acte d'humilité et de dévotion fraternelle au Seigneur des hosties..... Priez d'une âme honnête, d'un cœur pur, avec l'assurance que vous serez écoutés et entendus. Priez pour que les forces du Mal soient vaincues, et que les puissances du Bien l'emportent.'*

Vigano appelle tous les croyants de tous âges à prier et à prendre leurs "armes spirituelles, sur lesquelles Satan et ses sbires devront reculer furieusement... Ne vous laissez pas décourager par les tromperies de l'Ennemi, surtout en cette période terrible où des mensonges flagrants et des fraudes narguent le Ciel. Si vous priez avec foi, les jours de nos adversaires seront comptés".

Une "renaissance spirituelle" a-t-elle une chance ?

En conclusion, l'archevêque espère que les gens du monde entier parleront d'une seule voix dans leurs églises, leurs maisons et leurs rues, et s'uniront spirituellement pour combattre et gagner cette bataille spirituelle afin qu'il y ait une "renaissance spirituelle" non seulement aux États-Unis, mais dans le monde entier.

Cependant, cela nécessitera quelque chose qui n'a jamais été réalisé jusqu'à présent, à savoir que les gens regardent au-delà de leurs propres cadres religieux ou idéologiques, respectent les vues et opinions différentes et divergentes des autres, et se concentrent ensemble sur l'objectif commun de ne pas laisser ce monde tomber définitivement aux mains des forces mondialistes du Mal, qui ont commencé leur prise de pouvoir finale depuis cette année, et imposent maintenant leur dictature climatique-virale à l'humanité à un rythme implacable.

Jusqu'à présent, nous pouvons constater que la vieille tactique "diviser pour mieux régner" fonctionne malheureusement à merveille, même au sein de la partie éveillée de la population. À partir du moment où nous commençons à nous imposer les uns aux autres que nous devons nécessairement regarder quelque chose ou l'expliquer de telle ou telle manière, que nous devons utiliser tels ou tels termes, et que nous avons autrement "tort", nous n'avons aucune chance. Et puis vous pouvez espérer et prier jusqu'à ce que vous ayez le visage bleu, mais cela n'aura absolument aucun effet, puisque tout véritable changement commence par vous-même.

Chapitre 4 : Reconstruire la société

Les millions de chrétiens et de conservateurs qui ont voté pour Trump doivent être " rééduqués " de force - l'Amérique n'est plus un pays chrétien depuis longtemps, et les églises doivent aussi s'en remercier.

Un groupe influent de délégués démocrates soutient un document des Secular Democrats of America lui demandant de faire taire la "droite blanche et chrétienne", d'effacer les "principes bibliques" du pays et de renoncer à la "base judéo-chrétienne" de la société. Dans un discours, le président Obama a déclaré un jour que "l'Amérique n'est plus une nation chrétienne". Biden semble s'en occuper définitivement. Ce qui la remplacera, c'est une dictature marxiste, subordonnée à l'ONU et fondée sur les vaccins climatiques - tout comme en Europe.

Que Biden lui-même ait beaucoup en commun avec le programme anti-chretien de l'extrême-gauche est incontestable. Le 15 septembre 2018, il a littéralement qualifié de "lie de la société" une partie de la droite chrétienne qui avait voté pour Trump deux ans plus tôt.

Parmi les appels soutenus par au moins 13 délégués démocrates figure celui de Rashida Tlaib, qui s'est couverte d'un drapeau palestinien lors des dernières élections, jurant que "nous allons déposer ce M...". F.. (Trump) va déposer". Un autre promoteur, Steve Cohen, a des liens avec le Parti socialiste américain de Memphis et avec des membres de Liberation Road, une organisation communiste pro-chinoise. Le cofondateur Jamie Raskin a écrit des articles pour les Socialistes démocrates d'Amérique.

Les chrétiens traditionnels auraient une influence "sectaire et dangereuse".

Selon Brannon Howse, un animateur radio conservateur, les démocrates ont un problème non pas avec les églises en général, mais avec les églises "de droite", qui s'en tiennent aux principes bibliques traditionnels. Tant que vous prêchez la religion socialiste progressiste de gauche, ils pensent que tout va bien, mais si vous prêchez quelque chose basé sur les valeurs judéo-chrétiennes, ils veulent vous démolir".

Les rédacteurs exigent même que Biden rompe ouvertement avec le terme "judéo-chrétien" et agisse contre "l'influence sectaire et dangereuse" des chrétiens au gouvernement. L'opposition de l'Amérique conservatrice à l'avortement, à la recherche sur les cellules souches et à l'agenda carbone/climat est considérée comme faisant partie d'une "guerre culturelle" contre la "science". Trump et la communauté chrétienne sont également blâmés pour les prétendues "centaines de milliers de morts" causées par Covid-19.

Les chrétiens font obstacle à l'Amérique communiste

L'auteur et cinéaste Trevor Loudon, qui est impliqué dans la gauche depuis des décennies, a souligné que les chrétiens sont diabolisés dans le document en tant que "nationalistes" avec un programme "extrémiste, sectaire" et "suprémaciste blanc". Cela peut être considéré comme une recommandation d'envoyer les chrétiens conservateurs dans des camps de rééducation", a déclaré Loudon. 'Ils parlent de rééducation et de reprogrammation des chrétiens traditionnels qui, de leur point de vue, sont des personnes dangereuses, racistes et nationalistes.'

Ce qu'ils disent vraiment, c'est qu'ils veulent vous laver le cerveau avec leurs idées. Les communistes seraient fiers de ce document... Le parti démocrate est maintenant un parti marxiste. Ce document est dirigé contre le plus grand ennemi des marxistes dans ce pays, et c'est le christianisme traditionnel. C'est très clair.

'Les gauchistes et les communistes contrôlent déjà Hollywood (l'industrie du cinéma et du divertissement), l'éducation, les médias et la plupart des institutions. La seule chose qu'ils ne contrôlent pas, ce sont les chrétiens conservateurs croyant à la Bible, qui ont voté pour Reagan à l'époque, et maintenant pour Trump.''

Les chrétiens ont empêché la candidate rêvée de l'élite, Hillary Clinton, de devenir présidente. Elle aurait dû achever la communisation de l'Amérique... Donc, la gauche comprend qu'elle doit supprimer le christianisme, ou le pervertir dans sa propre direction.''

Dans leurs écrits, ces "Démocrates séculiers d'Amérique" demandent à Biden de :

Couper tout financement pour les centres de crise de grossesse et les programmes éducatifs qui promeuvent l'abstinence sexuelle ;

* Mettre fin à la liberté d'expression religieuse, abroger la loi sur la restauration de la liberté religieuse (RFRA), et annuler les protections fédérales de la liberté religieuse mises en place par Trump ;

* Rendre les vaccinations obligatoires pour les enfants, et retirer aux parents leur droit de regard en la matière ;

* Retirer le terme "In God We Trust" des dollars américains physiques ;

* Mettre fin au soutien de Trump aux agences d'adoption et d'accueil qui fonctionnent selon des principes religieux ;

Fournir des subventions élevées pour une "éducation sexuelle complète" aux enfants des écoles, y compris la promotion de plusieurs dizaines de types de "genres" ;

S'opposer au "Projet Blitz", qui promeut les valeurs familiales traditionnelles et saperait le programme LGBTQ ;

* Cesser d'utiliser le terme "valeurs judéo-chrétiennes" car des dizaines de millions d'Américains ne se sentiraient plus représentés par ce terme.

Sous le régime Biden-Harris, comme en Chine, il est probable que les églises ne pourront continuer à exister que si elles prêchent la "ligne du parti" sans restriction ni critique, ou en d'autres termes, si elles imposent à leurs fidèles une obéissance absolue au gouvernement et à ses politiques. Cela signifie qu'il n'y aura plus de place pour les églises et les croyants qui continuent à adhérer aux valeurs chrétiennes classiques concernant Dieu, l'amour du pays, la famille et l'inviolabilité de l'individu.

L'Amérique n'est plus un pays chrétien depuis très longtemps.

Enfin, nous tenons à souligner que les États-Unis ne sont en fait plus un pays chrétien (depuis longtemps). De nombreux présidents qui se sont identifiés comme "chrétiens" ont mené des guerres sanglantes, dont l'avant-dernier, Barack Obama, a même fait 10 fois plus de victimes civiles que son prédécesseur honni, George Bush. La haine que les extrémistes musulmans nourrissent à l'égard des chrétiens et du christianisme est en grande partie due à cela, et donc tout à fait compréhensible.

Un président qui est assis à l'église le dimanche et qui, le lundi, donne l'ordre de bombarder votre pays et de le plonger dans le chaos, et qui ne considère pas quelques victimes civiles de plus ou de moins, n'est certainement pas une publicité pour la foi chrétienne. On peut dire la même chose de l'énorme richesse et de la cupidité qui caractérisent les politiciens, les banquiers et les hommes d'affaires américains.

En outre, une grande partie de l'Amérique chrétienne "normale" en est également venue à se concentrer sur la recherche de l'argent, de la richesse, du succès, de la prospérité et de la santé (le faux "évangile du bonheur", comme l'a appelé Corry ten Boom). Cet évangile égocentrique, essentiellement violé, prêché par de nombreuses "méga-églises", s'est répandu dans le monde entier après la Seconde Guerre mondiale et a empoisonné non seulement la quasi-totalité des églises occidentales (dans une mesure plus ou moins grande), mais aussi celles d'Amérique du Sud, d'Afrique et de grandes parties de l'Asie.

Ainsi, le christianisme américain, principalement hypocrite, s'est pour ainsi dire complètement érodé et devra en récolter les fruits amers sous le régime Biden-Harris. Cette perspective n'est pas agréable, mais elle permettra de séparer le bon grain de l'ivraie parmi les chrétiens, surtout s'il s'avère que la théologie d'évasion de la prospérité, qui a été soutenue pendant des années comme quoi les croyants n'ont pas à passer par (la) tribulation ici, était un mensonge flagrant.

Chapitre 5 : Les vaccins exposés

L'homme transhumain sera intégré à un système de contrôle numérique mondial. Un biocapteur nanotechnologique 5G implantable sera utilisé dès 2021 dans les vaccins Covid-19.

L'agence de développement technologique du Pentagone, la DARPA, et la Fondation Bill et Melinda Gates collaborent avec l'entreprise technologique Profusa pour mettre au point un biocapteur nanotechnologique implantable en hydrogel (substance similaire à une lentille de contact souple). Ce biocapteur, qui est plus petit qu'un grain de riz, peut être injecté en même temps qu'un vaccin et est appliqué juste sous la peau, où il se fond dans le corps. Le composant nanotechnologique permet de contrôler à distance toutes les informations vous concernant, votre corps et votre santé via la 5G. Le biocapteur, qui peut également recevoir des informations et des commandes, devrait être approuvé par la FDA début 2021, juste à temps pour la campagne mondiale de vaccination contre le Covid-19.

En mars dernier, DefenseOne a publié un article sur ce biocapteur en hydrogel, qui est "inséré sous la peau à l'aide d'une aiguille hypodermique". Il contient, entre autres, une molécule spécialement conçue qui émet un signal fluorescent lorsque le corps commence à combattre une infection. La partie électronique fixée à

(/dans) la peau détecte ce signal, puis envoie une alerte à un médecin, à un site web ou à une agence gouvernementale. C'est comme un laboratoire de sang sur la peau qui peut détecter, avant même l'apparition d'autres symptômes tels que la toux, la réaction du corps à la maladie".

Il n'est donc pas difficile de deviner pourquoi ce capteur peut être considéré comme très important par l'élite dans la (soi-disant) lutte contre le Covid-19. Toute personne à qui ce biocapteur - inamovible - est injecté dans le corps sera mise en quarantaine par le gouvernement à la moindre infection, et pourra faire l'objet d'autres mesures coercitives, même si la personne en question n'est pas du tout malade, ni ne présente aucun symptôme.

Un biocapteur surveille toutes les fonctions du corps et les transmet via la 5G

En utilisant l'hydrogel, le biocapteur ne sera pas perçu par le corps comme un intrus et attaqué, mais s'intégrera plutôt à lui. De plus, selon l'entreprise, le capteur peut non seulement détecter les infections, mais aussi surveiller les niveaux d'oxygène et de glucose dans votre sang, ainsi que vos niveaux d'hormones, votre rythme cardiaque, votre respiration, votre température corporelle, votre vie sexuelle, vos émotions - bref, TOUT. Grâce à la 5G, toutes ces

informations pourront bientôt être transmises à toutes
les autorités médicales et politiques.

Profusa mène actuellement une étude avec l'Imperial
College, également financée par Bill Gates, qui est
devenue tristement célèbre pour ses prédictions de
malheur ridicules concernant Covid-19, qui se sont
rapidement révélées totalement fausses. Cependant,
c'est sur la base de ces prédictions qu'ont été décidés
les lockdowns, l'éloignement social, la destruction
partielle de l'économie et l'élimination de nombreuses
libertés civiles.

Les humains transhumains seront intégrés au système de contrôle numérique mondial

Le biocapteur, qui pourrait donc être incorporé dans les
vaccins Covid-19 dès 2021, est très proche de la
réalisation de l'aspiration d'un humain transhumain,
dans lequel chacun est totalement contrôlable et même
pilotable. Le "nouvel humain", ou l'humain 2.0 tel
qu'imaginé par l'élite technologique autour de Bill Gates
et Elon Musk, sera progressivement transformé en une
sorte de cyborg d'ici 2025-2030, et deviendra une partie
intégrante - et donc irréversible - d'un système de
contrôle numérique global, dans lequel les libertés
individuelles auront complètement disparu, et même le
libre arbitre humain, aura été supprimé.

Ce n'est pas pour rien que nous appelons cela le système de "la Bête". Pour la première fois dans l'histoire, la technologie a progressé au point que les prophéties bibliques sur le "signe de la Bête" peuvent être pleinement réalisées et accomplies.

Chapitre 6 : Terreur psychologique et guerre contre l'humanité

Avant 2020, nos dirigeants, les 1%, n'exigeaient que votre travail physique ; maintenant, ils veulent envahir et prendre le contrôle total de votre corps - Il y a encore de l'espoir pour nous si vous arrêtez de participer et construisez de nouvelles communautés.

La démocratie a été abolie, l'État de droit ne fonctionne plus. On parle d'une véritable "guerre contre le peuple", menée par nos propres gouvernements, qui sont eux-mêmes contrôlés par les grandes entreprises technologiques. C'est le début du "techno-fascisme" et d'une "dictature transhumaniste", qui est imposée à la population à l'aide de mesures de terreur psychologique (lockdowns, protège-dents, couvre-feux, vaccinations).

Une propagande quotidienne pour garder les gens obéissants

Ils soulignent que les mesures ne devaient à l'origine durer que quelques mois, mais qu'aujourd'hui, plus d'un an plus tard, elles sont toujours appliquées et continuent d'être étendues malgré les protestations croissantes des scientifiques, des médecins, des économistes et d'autres experts. Les gouvernements, cependant, n'écoutent pas du tout ces voix discordantes, et aller en justice n'a plus aucun sens, car les juges ne sont là que pour donner un cachet légal aux politiques gouvernementales.

En Allemagne, la résistance aux mesures semble être meilleure et plus organisée. Cette résistance n'est pas vaine et a clairement un effet. Nous pouvons le constater "par l'énorme propagande qu'ils doivent livrer chaque jour. Sans cette propagande, ils ne seraient jamais capables de s'en sortir avec cette folie". Reste toutefois à savoir si cette résistance finira par signifier la fin des gouvernements.

Les droits des citoyens mis sur la touche avec une "insolence débridée".

Le centre du problème est que la séparation des pouvoirs a disparu, et avec elle la base de la démocratie. Celle-ci ne fonctionne plus depuis longtemps. Ce processus a surtout commencé après la contre-révolution néolibérale, il y a une trentaine d'années. Cela a créé un cartel de pouvoir composé de partis qui ne poursuivent en fait que les mêmes objectifs.

Ce qui est particulier à notre époque, c'est "l'insolence désinhibée avec laquelle nos gouvernements mettent désormais la loi de côté. L'état d'exception permanent en Occident est "la preuve classique que l'État de droit a été détruit". Le juriste et propagandiste nazi de premier plan Karl Schmidt avait déjà défini cet état d'exception dans son livre Politische Theologie. Celui qui contrôle l'état d'exception contrôle également le peuple. Il a fait remarquer que cette situation pouvait également être mise en scène.

État d'exception permanent ; "vous n'avez plus rien à dire".

M. Schmidt a fait une distinction avec un état d'urgence, tel qu'une inondation. Un état d'urgence est toujours temporaire, mais un état d'exception peut durer beaucoup plus longtemps. En fait, nos gouvernements sont en train de rendre permanent cet état d'exception qui est en place depuis 2020. Ils ont mis en scène cet état de fait avec la corona. En bref, on peut dire que la démocratie a été suspendue, a été abolie'.

Ils savent que ces protège-dents sont une absurdité totale, de nombreuses études le confirment. Mais vous n'avez plus rien à dire. Vous devez vous taire, c'est en substance le message de rupture de la constitution. Cela s'accompagne de toutes sortes d'oppressions physiques. L'oppression psychologique est bien pire.

Le rejet des mesures corona dans l'ancienne Allemagne de l'Est est, grâce au passé communiste, "beaucoup plus profondément ancré dans la population que dans l'Ouest complètement dégénéré", bien qu'il y ait là aussi toutes sortes d'initiatives (comme Querdenken). Les médias de masse jouent un très mauvais rôle dans l'actuelle dictature oppressive de la couronne, notamment en promouvant la guerre froide 2.0 (contre la Russie). Ils jouent maintenant le même rôle honteux et dégoûtant que Corona, en tant que talons de l'appareil gouvernemental, des multinationales et de l'industrie financière.

Instrument viral pour déclencher la Grande Réinitialisation

"Les gens ont choisi le virus comme instrument d'un nouveau règne, ce qu'on appelle la 'quatrième révolution industrielle', la grande réinitialisation. La révolution néolibérale susmentionnée en a été le point de départ. Elle a mis fin au capitalisme social, dans lequel les citoyens pouvaient encore bénéficier de la richesse et de la prospérité croissantes. C'est pourquoi, dans l'ensemble, les Occidentaux étaient beaucoup plus heureux dans les années 1970 qu'aujourd'hui.

Grâce aux (néo)libéraux, l'État a cessé de travailler principalement pour les citoyens et a commencé à travailler principalement pour les multinationales et l'industrie financière. Au cours de ces 30 années, on a fait exactement ce que le néocon Zbigniew Brzezinski (avec une formulation certes différente) avait prévu, à savoir l'abrutissement délibéré de la population dans son ensemble ("dumbing down") avec des divertissements abrutissants à la télévision et autres. Pendant ce temps, nos gouvernements ont été pris en charge. Sans que la population s'en aperçoive, leurs gouvernements se sont "redéfinis" en interne.

Le radicalisme du marché : Les responsables de la crise ont été récompensés, le peuple a dû saigner.

À partir de 2007-2008 (effondrement de Lehman Brothers, crise financière), le radicalisme du marché a éclaté en force. Ceux qui ont provoqué la crise, les banques et les spéculateurs, les criminels organisés qui ont commis des crimes (financiers) gigantesques et dilapidé des milliers de milliards, ont simplement dit aux gouvernements qu'ils étaient "trop gros pour faire faillite", et que les gens devaient donc payer pour le désordre qu'ils avaient causé. Puis ils ont continué leurs pratiques, jusqu'à aujourd'hui. Nos gouvernements ont rendu cela possible, et le rendent encore possible.

Cette expropriation des richesses du peuple et de l'État a également eu lieu par le biais des privatisations. Le pouvoir des multinationales a augmenté de plus en plus, précisément parce qu'elles ont été déréglementées. Elles n'étaient plus limitées, elles pouvaient faire ce qu'elles voulaient. Comme les recettes fiscales ont diminué et que les dettes des États ont augmenté, ces sociétés ont pu s'emparer de presque tout (soins de santé, transports publics, routes, etc.).

Un coup d'État par étapes

Un coup d'État progressif est une très bonne description de cette situation". Mais ce n'était toujours pas suffisant pour ceux qui sont au pouvoir aujourd'hui. Aujourd'hui, ils affirment que la mondialisation - y compris les voyages en avion par intermittence et le déplacement de la production vers l'Asie de l'Est, qui a nécessité d'énormes flux de transport - ne peut pas continuer comme ça. Les mêmes personnes qui sont à l'origine de cette situation procèdent maintenant à la grande réinitialisation, et une fois de plus, les conséquences douloureuses de celle-ci ne sont répercutées que sur la population ordinaire.

L'un des principaux moteurs, Klaus Schwab (Forum économique mondial), a littéralement qualifié le corona de "fenêtre d'opportunité" (et a reconnu que ce virus n'est pas plus dangereux que la grippe). Néanmoins, il a juré que la société pourrait ne jamais revenir à la normale).

Dégénérescence collective ? Jusqu'à 90% des personnes se sont laissées effrayer.

Il est "ahurissant de voir avec quelle facilité le public se laisse manipuler" et accepte tout. Deux armes sont utilisées contre le peuple : la peur et les médias. On ne peut que constater qu'ils ont parfaitement exécuté ce jeu de la peur. Ce que nous ne comprenons pas, c'est comment il est possible de conduire 85% à 90% de la population dans cet état de peur. Ensign suggère comme cause possible qu'il y ait eu "une dégénérescence collective bien avant la crise de Corona".

Des études récentes confirment que le néolibéralisme a causé un énorme "dommage mental" dans l'esprit des gens, une forme d'émoussement du bien-être. Si vous profitez de trop de prospérité, vous devenez paresseux et faible. Il n'est plus nécessaire de faire des efforts et de continuer à réfléchir à d'autres idées et options, de rester vigilant. On a l'impression que l'État s'occupe de vous de toute façon. Ou bien vous avez un bon travail, même si les travailleurs subissent une pression et un stress croissants.

La pyschologie de la peur a été alimentée par la multiplication des soi-disant catastrophes (climat, énergie, nature, etc.). En outre, plus de 100 exercices militaires (OTAN) ont lieu chaque année parce que la Russie et la Chine aimeraient provoquer une troisième guerre mondiale. La société était donc déjà bien imprégnée d'une peur permanente, avant de recevoir le coup de grâce avec Corona.

Les personnes en position ont toujours été des suiveurs.

Non seulement le grand public, mais aussi les médecins, les docteurs et les scientifiques, qui savent très bien que la couronne n'est pas du tout une menace majeure, ont néanmoins soutenu cette politique. "La masse des personnes occupant des postes à responsabilité ont toujours été des suiveurs. Il ne faut pas se faire d'illusions, nous avons eu un poste élevé dans la fonction publique pendant 10 ans.... Avant d'y entrer, il faut renoncer à son intelligence. Les idiots au sommet disent simplement que "si nous disons que le mur blanc est rouge, alors il est rouge".

En bref, presque tous ces experts choisissent aujourd'hui la voie la plus sûre. Si vous voulez survivre, garder votre emploi et votre position, vous devez tout accepter. Cela s'accompagne de beaucoup d'opportunisme et d'auto-soumission, "et en fait d'auto-renoncement". Dans le secteur des soins de santé, de très nombreux employés voient ce qui se passe réellement".

Les responsables gouvernementaux invoquent invariablement la "science", mais "je ne pense pas qu'il y ait autant de corruption ailleurs". Nous soulignons ensuite qu'il y a aussi de nombreux scientifiques qui font des objections fondées, mais qu'ils sont tout simplement ignorés. Plus de 250 des meilleurs scientifiques, dont le meilleur virologue du monde, John Ioannidis, ne sont tout simplement pas écoutés. Ou pire : ils sont persécutés.

Démocratie abolie, le gouvernement est devenu sans loi et privé de ses droits.

Le comportement de la police en Occident nous rappelle littéralement le "temps de la Gestapo". Encore une fois, la démocratie a été abolie et les gouvernants se permettent toutes les brutalités imaginables. Prenez, par exemple, le couvre-feu. Le juge le rejette, et quatre heures plus tard, le gouvernement commet un nouveau coup bas. Qu'est-ce que c'est ?" Enseigne : "Cela signifie donc qu'il y a réellement une anarchie ?

"Oui, absolument ! L'anarchie, le non-respect de la loi, la violation de la constitution, ce n'est plus rien d'autre'. Ensign : 'Les lois ne vont plus que dans un sens : dicter au peuple, et inversement elles n'offrent plus aucune protection juridique.' Toutes les frontières d'une justice intacte se sont effondrées.

Ensign cite ensuite l'article de Common Sense intitulé "Le tyran allemand", dans lequel le sociologue écrit que "ce sont les ennemis de l'humanité. Merkel déteste l'Allemagne et le peuple allemand. Cela a certainement à voir avec le fait qu'elle a grandi dans la dictature de la (RDA). Elle était la candidate idéale pour un putsch gouvernemental rampant en Allemagne. De telles figures ne sont pas déployées sans l'approbation des acteurs transatlantiques ou des États-Unis". Ensign affirme que cela est vrai pour tous les pays occidentaux et que nos gouvernements sont "effectivement des collaborateurs de l'ennemi".

Le 11 septembre a marqué le début de la guerre contre son propre peuple.

Les gouvernements collaborent contre leurs propres peuples... nous en sommes arrivés à dire qu'ils font la guerre aux peuples... Cette forme de guerre a commencé avec le 11 septembre. Elle était d'abord dirigée vers l'extérieur, pour détruire le Moyen-Orient. Mais elle a aussi donné un message pervers à son propre peuple. Le département de la sécurité intérieure est devenu une sorte de second Pentagone, mais pour son propre pays, avec toutes les abrogations des droits civils et des droits fondamentaux, privant ainsi les citoyens de leur liberté."

Ensuite, le nombre d'attentats terroristes en Europe a explosé, ce qui a constitué une nouvelle forme d'apologie de la peur (l'opération Gladio en Europe, une "stratégie de la tension" délibérée, fondée sur le renseignement et exécutée).

Cependant, les attaques terroristes n'ayant pas encore un effet suffisant, ils ont cherché un moyen de maintenir la population dans une peur systématique. C'est devenu la corona, "la couronne (corona) de l'élite occidentale", "l'emprisonnement complet des peuples par cette corona (pandémie*) canular"... En tant que criminels organisés, vous ne pouvez pas faire mieux. On pourrait l'admirer si elle n'était pas si diabolique.

Maintenant, pour réaliser cela à la perfection, il fallait des années de préparation (par exemple, avec l'événement 201 en octobre 2019). Cela comprenait également la grippe porcine (swine flu) et la grippe aviaire. Ensign : 'Nous sommes donc confrontés à un ennemi de l'humanité très bien organisé ?' 'Oui, absolument.' Ensign : 'Alors avons-nous encore une chance ?'

Ils veulent nous plonger, nous et les générations futures, dans l'esclavage absolu de la dette.

C'est la grande question passionnante. Nous ne pouvons rien attendre de plus de nos gouvernements. Ils n'ont certainement pas eu le choix depuis Corona. Ils travaillent sur "l'endettement total" de tous les États, en utilisant Corona comme excuse. La Deutsche Bank a déjà obtenu le feu vert de Merkel pour 1 900 milliards d'euros de prêts en avril 2020. Leur objectif principal : plonger les prochaines générations dans un esclavage absolu de la dette, et posséder toutes les parties encore vitales ("actifs", pensez aux PME et aux agriculteurs).

Les politiciens corrompus ont personnellement profité énormément de toutes ces privatisations néolibérales. Ils ne voulaient que faire carrière et n'ont pas regardé d'autres intérêts. Regardez la politique, il y a tellement de zéros maintenant. Ne vous faites pas d'illusions à ce sujet. Et qu'est-ce qu'un zéro a à perdre ? Ils ont tout à gagner. Qui veut participer à un parti politique maintenant ?

Il n'y a presque plus d'idéologie politique, seulement la perpétuation des positions de pouvoir", dit Stuurman. D'où le fameux effet de porte tournante : les personnes issues de la politique finissent souvent dans les grandes entreprises et les banques (et parfois l'inverse). Tout tourne autour de nous et de nous seuls. Les qualifications et les réalisations ne sont plus importantes.

Les conglomérats internationaux et les ONG ont pris le contrôle du gouvernement "comme un cancer".

Les organismes internationaux et les ONG (*notamment dans les domaines de la mondialisation et du climat*) ont ensuite pénétré "comme une tumeur cancéreuse" dans le gouvernement, et l'ont amené à élaborer et à appliquer des lois contre son propre peuple, son propre pays et ses propres entreprises. Pendant ce temps, cet appareil gouvernemental engloutit des milliards. Cela serait encore justifiable s'ils voulaient réellement faire quelque chose pour le peuple, mais ce n'est plus le cas.

Il y a aussi l'exemple des 600 milliards qui ont été dépensés pour les mesures corona rien qu'en Europe. Pendant ce temps, on prétend toujours que la capacité hospitalière est trop faible. Avec ces 130 milliards, nous aurions pu reconstruire cinq fois tout le système de santé, y compris le personnel. Mais pas un centime n'a été dépensé pour cela !". C'est un processus de destruction incomparable. Ils sont engagés dans la destruction du matin au soir".

Les personnes qui ne peuvent et ne veulent plus vivre comme ça dans nos États antidémocratiques doivent commencer à s'occuper de leurs propres intérêts. Ils doivent commencer à s'unir, continuer à protester et à manifester, se séparer autant que possible de la politique actuelle, et arrêter de regarder et de suivre tous les médias grand public, car ils ne font que condamner toute dissidence.

10% - 20% de l'humanité créera une nouvelle voie

La population se divise peut-être en deux groupes, "mais cette division existe depuis longtemps". Avant, on pouvait parler aux gens de beaucoup de choses, mais depuis Corona, c'est fini. Un schisme s'est produit qui traverse directement les amis, les collègues et les familles. Ils ne comprennent rien de toute façon. Vous pouvez leur dire ce que vous voulez, leur montrer l'expertise d'autres scientifiques, mais ils ne veulent tout simplement pas l'entendre. Tout autre son est qualifié d'"absurde", alors qu'eux-mêmes n'ont même pas fait de recherches.

Ils ne lisent rien ! Il y a eu d'excellentes publications (de scientifiques réputés) au cours des derniers mois, mais ils s'en moquent". De cette partie de la population, nous ne pouvons rien attendre de plus. Il nous reste 10 à 20 %. S'ils deviennent tous actifs, le gouvernement a un vrai problème. Toutes les possibilités restantes doivent être épuisées pour arrêter cette politique criminelle.

En outre, ces 20 % doivent développer un nouveau mode de vie, et accepter que cela comporte beaucoup plus de risques. Le plus gros problème est que nous n'avons pas notre propre territoire fermé (*une sorte d'"État libre"*), donc que vous viviez en Allemagne, aux Pays-Bas, en France, en Italie ou en Angleterre, vous serez persécuté. Ensign : "Y a-t-il une place pour l'optimisme alors ?

Tout ce qui rend la vie amusante, ces supercriminels l'ont détruit.

Dans l'ensemble, je ne vois pas cela. Je ne pense pas que nous puissions renverser la situation en un ou deux ans". Chacun doit donc devenir et rester actif dans son domaine - médecins, scientifiques, publicistes, journalistes, etc. - devenir et rester actif, et se connecter les uns aux autres. Mies réitère son énorme surprise face à la coopération des PME (hôtellerie, divertissement, événements, sports, tourisme, commerçants, etc. Tout ce qui rend la vie amusante, ces super-criminels l'ont détruit".

Des dizaines de milliers d'entreprises en faillite, des centaines de milliers de personnes au chômage, et toujours pas de résistance ? Pourtant, il suffit que 2 ou 3 millions de personnes déterminées se rendent à Berlin, et 'Merkel peut alors faire ses valises. Elle aura du mal à s'enfuir. Nous sommes également déconcertés par le fait qu'un si grand nombre d'entreprises s'enferment, simplement parce que le ministre le dit. Savez-vous pourquoi elles participent ? Parce qu'elles sont structurellement conservatrices. La plupart des PME et des indépendants n'ont jamais été des gens rebelles". L'obéissance automatique au gouvernement est dans leur système. Jusqu'à présent, cela les empêche de se rebeller en masse.

Des contacts qualitatifs au lieu de hochets sociaux

Malgré cette mauvaise situation, il y a quelque chose de très positif, à savoir que nous avons appris à connaître des personnes partageant les mêmes idées et que nous avons pu établir un contact avec elles à un niveau complètement différent et de qualité. Ils ne parlent plus de n'importe quoi comme ils le faisaient avec leurs anciens contacts (le "bavardage social", c'est-à-dire les résultats du football, les programmes télévisés d'hier, les nouvelles de BN, la nouvelle voiture de location, etc.) C'est du pur profit.

Mais de grandes inquiétudes existent, notamment au sujet des passeports corona et de vaccination à venir, qui excluront les personnes qui n'ont pas été testées et/ou vaccinées. Néanmoins, "plus la pression exercée sur la population sera forte, plus la résistance sera grande. C'est déjà le cas".

Les gens qui se moquent des théoriciens de la conspiration ne lisent plus rien eux-mêmes.

Nous ne pouvons que recommander le dernier livre de Klaus Schwab sur Covid-19 aux personnes qui disent cela. Tous les développements dystopiques s'y trouvent, y compris le contrôle et la réduction de la population, les nouvelles technologies, ID2020, tout est connecté, du début à la fin vous êtes sous contrôle total. Si les gens prétendent encore que nous sommes les théoriciens de la conspiration, nous ne pouvons que dire que dans l'esprit de ces personnes, rien ne fonctionne du tout."

Stuurman constate également que les personnes qui parlent de théories de la conspiration ne se sont pas documentées et ne savent pas de quoi il s'agit. Mais ils peuvent le lire eux-mêmes auprès des exécutants de cette véritable conspiration, comme Klaus Schwab ! Ils ne devraient pas être aussi paresseux ! C'est tout.

Techno-fascisme : la fin de l'humanité telle que nous la connaissons

Ce que veut Schwab, le Great Reset, c'est une sorte de technofascisme, une tyrannie, une dictature transhumaniste. Ils veulent entrer dans votre corps. C'est le nouveau régime de profit, le nouveau capitalisme. Ils avaient l'habitude d'utiliser votre force de travail, maintenant ils veulent entrer en vous. Ils veulent implanter et injecter quelque chose en vous... Ils connectent tout ensemble. D'abord la 5G, puis la 6G, et on verra ce qui se passera ensuite. En arrière-plan, il s'agit de technologie militaire'.

Cela signifie en fait la fin de l'humanité en tant qu'espèce telle qu'elle est. En tant qu'espèce autonome telle que nous la connaissions, oui... On peut parler de la fin de l'humanité telle qu'on la connaissait. Ils veulent un être hybride, un techno-monstre, un cyborg, et ils pensent que c'est génial. Ils appellent cela une amélioration. Oui, pour la police, les services de sécurité et l'armée, ça l'est, mais pas pour l'humanité". Ce qu'ils veulent, c'est une sorte de "tableau de bord" technocratique global permettant de surveiller et de contrôler tout le monde, jusqu'au dernier homme, femme et enfant. C'est leur plan, c'est exactement leur idée.

Pour voir ce qui se passe aujourd'hui, nous conseillons à chacun de googler Albert Biedermann et sa "carte de la coercition", qui montre exactement comment les dirigeants actuels travaillent pour nous soumettre à un contrôle total, et aussi comment garder les prisonniers de guerre sous contrôle. Et c'est exactement comme maintenant : la psychologie manipulatrice à l'extrême absolu".

C'est la terreur, nous sommes traités comme des prisonniers de guerre".

L'isolement, la monopolisation de la perception (en réduisant au silence / en ridiculisant toutes les voix critiques), la terreur et l'épuisement psychologique des gens avec l'obligation de porter un protège-dents, l'éloignement social, le couvre-feu et les vaccinations -

tout cela est fait exprès, et bien sûr, des sanctions élevées et des mesures sévères à l'encontre de ceux qui ne se conforment pas et/ou ne protestent pas. Pas de protège-dents ? Pénalité ! Sortir le soir après dix heures ? Punition ! Donc : TERROR.

Les gens sont privés de la logique, ajoute Stuurman. Les gens ne sont plus autorisés à penser et à juger par eux-mêmes. On ne juge plus rien, on leur dit ce qu'il faut faire et ce qu'il ne faut pas faire. Et lorsqu'ils s'assoient dans leur cage comme un lapin effrayé, on leur tend simplement une carotte. Et alors le lapin effrayé se dit : oh, ce n'est pas si mal, n'est-ce pas ? Ils ont vraiment nos intérêts à cœur, n'est-ce pas ?

Ce n'est rien d'autre que la "domestication" de la population. Nous sommes traités comme des prisonniers de guerre, plus comme des êtres humains. Il faut se soumettre. C'est de la captivité ouverte". En même temps, les victimes sont rendues dépendantes des auteurs (syndrome de Stockholm) et, le soir, devant la télévision, elles s'accrochent aux lèvres de ceux qui leur font tout cela.

Ne vous engagez pas davantage dans la société moderne ; construisez de nouvelles communautés.

Il y a de l'espoir, mais seulement "si vous arrêtez de participer. Ignorez les ordres autant que possible', mais vous n'avez pas à devenir un martyr, par exemple qu'ils envahissent votre maison. Et très important : créez de nouvelles amitiés, et si nous devons nous rencontrer dans les bois ou dans une cave, ainsi soit-il. '

Essayez d'établir de nouvelles communautés et de nouveaux villages. Sortez des grandes villes, elles sont brisées de toute façon. Et autant que possible, revenez aux technologies analogiques. Donc, internet seulement quand c'est nécessaire, et toujours les derniers smartphones et applications est absolument inutile (surtout pas l'application Corona). Donc, obtenir une indépendance maximale du système.

Chapitre 7 : Résumé de l'Agenda 2021

L'État-nation, la liberté et votre voix sont en train d'être complètement détruits. Seule la résistance de masse peut arrêter ce programme anti-humain, qui est déjà mis en œuvre.

Le Café Weltschmerz a publié un entretien avec un expert américain reconnu concernant l'Agenda 21, qui peut être résumé comme une prise de pouvoir qui finira par placer le monde entier sous une dictature technocratique communiste, dans laquelle les individus et les peuples n'auront pas leur mot à dire, pas même sur leur propre santé et leur vie. Avec le canular de la pandémie de peur Covid-19, la phase suivante de ce coup de force contre notre liberté, notre démocratie et notre droit à l'autodétermination a commencé. Ce n'est donc pas pour rien que le Café Weltschmerz met sous sa rubrique "L'agenda caché derrière la destruction de notre société" - une destruction qui est également menée délibérément par les gouvernements mondiaux.

Le journaliste indépendant Spiro Kouras (Activist Post) a interviewé la directrice exécutive du Post Sustainability Institute, Rosa Koire, une spécialiste de l'utilisation des terres et des droits de propriété qui a prononcé des discours dans le monde entier. Son travail peut être consulté sur le site web Democrats United Against UN Agenda21, un site inaccessible au moment de la rédaction de cet article.

Koire est également l'auteur du livre "Behind the Green Mask - UN Agenda 21". L'Agenda 21 a été signé par 178 pays et le

Vatican en 1992. Avec cet agenda, une élite mondialiste au pouvoir veut obtenir un contrôle total sur toutes les terres, l'eau, la végétation, les minéraux, la construction, les moyens de production, la nourriture et l'énergie. L'application de la loi, l'éducation, l'information et les gens eux-mêmes doivent également être soumis à ce contrôle total.

Agenda 2030 : étape intermédiaire dans la destruction de l'État-nation et de la liberté

De même, de grandes sommes d'"argent" doivent être déplacées des pays développés vers les pays moins développés. En fin de compte, il s'agit de détruire votre capacité à avoir une voix, un gouvernement représentatif". Les gouvernements nationaux se transforment en administrations. Votre capacité à être libre et indépendant est complètement détruite. L'objectif est de transférer le pouvoir des personnes locales et individuelles vers un système mondial de gouvernement... Il s'agit d'un plan visant à perturber et à détruire le système existant. C'est un plan de transformation et de contrôle, et c'est ce que nous vivons actuellement."

L'Agenda 2030 n'est qu'une étape intermédiaire de l'Agenda 21, tout comme le sont 2020, 2025 et 2050. D'ici 2050, avec l'aide et le soutien de grands noms mondialistes comme Ford, Rockefeller, Soros, Gates, Zuckerberg, Musk, le Pape, et enfin et surtout Rothschild, ce plan perfide doit être achevé. D'ici 2050, tous les États-nations doivent être abolis et la population mondiale concentrée dans un certain nombre de mégapoles qui peuvent englober des États et des pays entiers (tout comme les Pays-Bas, avec la Belgique et la Ruhr allemande, doivent devenir une seule grande ville).

Le but est d'écraser votre capacité à contrôler ce qui vous arrive. Il s'agit d'un plan global, mais il est mis en œuvre localement sous différents noms". Cela est fait délibérément pour détourner l'attention des gens des véritables objectifs.

En fait, tout ce qui est appelé "vert" et "développement durable" relève de l'Agenda 21. Cela inclut le "changement climatique", c'est-à-dire tous les accords et initiatives sur le climat, et certainement Covid-19 . Une crise mondiale exige une réponse mondiale", telle est leur idée. Et cela justifie une gouvernance mondiale".

Le changement climatique et la corona p(l)andémique "sont conçus pour faire paniquer les gens, à tel point que vous craignez littéralement de ne pas y survivre". Que la crise climatique existe ou non n'est même pas pertinent, selon Koire. Elle fonctionne si bien qu'elle aurait été inventée de toute façon (en fait, elle EST inventée, conçue, au début des années 1990, ce qui est littéralement écrit dans les documents de l'ONU).

La "grande réinitialisation (verte)".

M. Skouras évoque ensuite la "grande remise à zéro (verte)" lancée lors du Forum économique mondial de Davos. Mme Koire répond qu'elle "ne veut pas être alarmiste", mais qu'elle est très préoccupée par le fait que cette "réinitialisation" est maintenant mise en œuvre sans tenir compte du coût pour les personnes et la société. Cependant, ils restent derrière leur masque vert, car dès qu'il tombe, les bottes de soldat et les tranchées sortent". Littéralement. Voir aussi notre article du 4 décembre 2019 : 'L'ONU peut utiliser la force militaire contre les pays qui refusent l'agenda climatique' (/ 'L'ONU peut enfoncer des mesures extrêmes dans la gorge des peuples' - Les participants à la conférence sur le climat de Madrid veulent des accords difficiles pour briser la prospérité et la liberté en Europe).

Nous avons maintenant atteint le point où les personnes au pouvoir se soucient à peine des objections et des préoccupations du peuple. C'est une sorte de message qu'ils nous envoient, qu'ils ne se soucient plus vraiment de nous". Il semble que nous ne puissions plus faire grand-chose, mais M. Koire pense que c'est encore possible.

La technologie a maintenant progressé au point que deux grands objectifs, la vie éternelle et la possibilité de créer soi-même la vie, sont devenus très proches. Ces gens n'ont aucune limite éthique, et c'est très inquiétant. Vous l'avez vu avec les nazis, avec Staline, et maintenant. Il n'y a littéralement rien qui puisse arrêter ces gens-là".

Tout et tout le monde sera connecté numériquement

Dans la "quatrième révolution industrielle" qu'ils ont maintenant lancée, tout et tout le monde sera connecté numériquement. Ils parlent d'un nouveau contrat social. Eh bien, avec un contrat, normalement les deux parties ont quelque chose à dire à ce sujet. Mais là, il s'agit d'un contrat où aucun de nous n'a son mot à dire... C'est une des raisons pour lesquelles nous voyons toute cette hystérie dans les rues. C'est parce que c'est une leçon, une communication pour nous : voilà ce qui vous arrive si vous descendez dans la rue et osez vous opposer à notre plan".

Les gens me demandent : qui nous fait ça ? C'est votre gouvernement. Votre gouvernement a été pris en charge. Avec l'aide de groupes et de mouvements comme Antifa et Black Lives Matter, on tente de déclencher un soulèvement. "Nous sommes attaqués. C'est la raison pour laquelle Koire a tourné le dos au parti démocrate. Mais les partis ne sont qu'une distraction. Au sommet, le pouvoir ne connaît pas de parti. Dans cette prise de pouvoir mondialiste, tous les moyens possibles sont utilisés. Le plan est de perturber et de désorganiser, et c'est ce que tout le monde voit maintenant. C'est le plan pour détruire la cohésion sociale, et c'est très réussi."

Elle qualifie la situation actuelle d'"extrêmement dangereuse", car ce plan est soutenu par des universités, des fondations, des entreprises et des agences gouvernementales. Toutes ces parties ont été endoctrinées, de la maternelle à l'université. Ce sont les 'agents du changement' qui ont été activés".

Transformation" = démolition de l'individu.

Le mot magique largement utilisé est "transformation", que ce soit dans l'éducation, l'économie, la police ou la société. La transformation consiste en réalité à briser l'individu, son alliance avec un "ancien" système, tel que sa famille, ses "anciennes" pensées ou sa foi... Il s'agit d'une technique psychologique qui brise réellement votre personnalité, puis la reconstruit (selon leurs nouvelles normes)."

Le terme "racisme institutionnel", également utilisé par le gouvernement européen, n'est "qu'une excuse pour détruire littéralement votre esprit". Mao Zedong l'a utilisé, Sung l'a utilisé, et les nazis aussi. C'est une technique par laquelle votre personnalité est brisée, afin de vous reconstruire en tant que nouvel être humain, nouveau citoyen du monde".

L'humain doit fusionner avec l'I.A.

Dans ce processus, les I.A. (intelligences artificielles) entrent également en jeu. Une force de police A.I. (mondiale) est en train de voir le jour, mais elle ne sera pas composée d'humains. De même, à un moment donné, les drones ne seront plus contrôlés par des humains, mais par des IA : "Je n'ai pas besoin d'expliquer qu'il existe alors une situation vraiment dangereuse". La Nouvelle-Zélande a récemment lancé officiellement son premier agent de police doté d'une IA et, à Singapour, on utilise désormais des robots intelligents pour faire respecter la distance sociale.

Skouras : "Il s'agit essentiellement d'un programme anti-humanitaire, dans lequel ils veulent fusionner l'humain avec la machine (IA)".

Par les mesures Covid-19, tout le monde a été déclaré ennemi potentiel les uns des autres. L'idée est que vous ne faites plus confiance, même aux membres de votre famille et à vos amis les plus proches. Dans le même temps, notre santé est également dégradée, ce qui, selon Koire, est un élément très important du plan Agenda 21. Il s'agit du plan visant à tout inventorier et à tout contrôler, y compris votre ADN (d'où l'insistance du gouvernement pour que le plus grand nombre possible de personnes se fassent tester pour le Covid-19 - ce qui permettra de prélever et de stocker immédiatement votre ADN)".

Avec votre "statut de crédit social", comme en Chine et bientôt aux États-Unis et en Europe, vous devez "prouver" que vous êtes un citoyen loyal et obéissant, "digne" de continuer à vivre dans le nouvel ordre. Le système, bien sûr, fait cela depuis un certain temps déjà en favorisant certaines personnes talentueuses, que les autres doivent ensuite payer. Le système chinois va être déployé sur toute la planète.

Vaccin de dépopulation

"Les Chinois ont aussi accepté dans les années 90 de travailler avec les USA sur un vaccin de dépopulation. Sont-ils allés jusqu'au bout ? Ce vaccin existe-t-il aujourd'hui, et est-il "vendu" à l'humanité sous un autre nom (peut-être un vaccin Covid-19 ?)? Quoi qu'il en soit, "la dépopulation est une partie essentielle du plan". S'il est déterminé que vous n'avez pas assez de valeur, et/ou que vous prenez trop d'espace, que vous utilisez trop d'énergie, trop d'eau, trop de terre, alors vous devez être " isolé " et relocalisé.

La grande majorité de l'humanité sera contrainte de vivre dans des mégapoles ("multiculturelles"), où chaque aspect de notre vie sera contrôlé et géré 24 heures sur 24, 7 jours sur 7 et 365 jours par an. Ce plan vous privera littéralement de toute liberté. Et il ne s'agit pas d'un plan pour l'avenir, mais de quelque chose qui se passe déjà en ce moment. Donc, ce n'est pas seulement en 2030 ou 2050. 2020 est vraiment une année très importante. Beaucoup de ces plans sont maintenant déployés au niveau régional.

Nous avons été massivement trompés par nos dirigeants et leurs conseillers", a déclaré le Dr Mike Yeadon, ancien vice-président de Pfizer, dans une interview accordée à la Stiftung Corona Ausschuss (Allemagne) il y a un peu moins de deux semaines. Ce que je m'apprête à dire va choquer tout le monde". M. Yeadon a averti que le "rechargement" constant des vaccins Corona, comme cela semble être l'intention aujourd'hui (l'"abonnement aux vaccins", comme nous l'avons appelé l'année dernière), est non seulement totalement inutile, mais aussi dangereux pour la vie, car tous ces vaccins ne passeront pas par le processus d'approbation normal. Des séquences génétiques seront injectées directement dans les bras de centaines de millions de personnes... Cela pourrait causer des blessures graves et la mort d'une proportion importante de la population mondiale.

L'immunologiste et expert en organes respiratoires Yeadon - qui, soit dit en passant, a quitté Pfizer depuis une dizaine d'années - a déclaré que le "très grand nombre de décès" survenus après les vaccinations corona n'était "pas une coïncidence". Il a qualifié d'"arrogant" le fait que les fabricants de vaccins supposent que ces nouveaux vaccins, qui ordonnent à l'organisme de produire une protéine de pointe du virus corona, ne causeront pas de problèmes majeurs, car des études scientifiques avaient déjà montré le danger que cette technologie provoque une réponse (auto-)immunitaire beaucoup trop forte chez de très nombreuses personnes, ce qui pourrait les rendre gravement malades, voire les tuer. Les trois derniers mois ont montré que c'est effectivement le cas.

Tous ces vaccins génétiques (Pfizer-AstraZeneca-Moderna) représentent un risque fondamental pour la sécurité de la population", a-t-il averti.

En raison de la mauvaise connexion, le Dr Reiner Füllmich, l'un des responsables du comité allemand, a résumé ce qu'il avait dit. Selon le Dr Yeadon, ce qui se passe actuellement est un crime très grave, commis par de "mauvais acteurs", notre propre élite politique et "scientifique" autoproclamée... La protéine spike est biologiquement active, et est précisément reproduite par les vaccins. Cela provoque une réaction auto-immune, comme une tempête de cytokines. Plusieurs milliers de personnes en sont déjà mortes en Europe. En Israël, 40 fois plus de personnes de plus de 80 ans et 260 fois plus de personnes plus jeunes sont déjà mortes du vaccin que du Covid-19. De tous les autres pays, nous recevons des rapports similaires".

Tous les vaccins incitent votre corps à fabriquer cette protéine de pointe, et ce n'est pas une bonne chose pour vous... Elle est biologiquement active, déclenche des processus biologiques et entraîne la perturbation totale, voire la destruction, de certaines fonctions corporelles", a répété Yeadon.

Les effets des vaccins peuvent se manifester après des jours, des semaines, des mois, voire des années.

Il dépend du système immunitaire de la personne et de la réaction de ses cellules aux instructions génétiques que ces effets se produisent immédiatement, à court terme, ou seulement à moyen ou long terme. Par conséquent, les personnes qui se font vacciner aujourd'hui et qui disent "il ne se passera rien" ne sont absolument pas en sécurité. Les effets peuvent survenir demain, le mois prochain, l'année prochaine ou même quelques années plus tard. Si j'étais une institution (médicale), je ne fournirais plus ces vaccins", a souligné M. Yeadon.

Entre-temps, des dizaines de millions d'Européens et plus de 100 millions d'Américains se sont déjà fait injecter ces produits, et il ne semble pas que les responsables politiques se demandent si ces "vaccins" présentés comme du génie génétique sont vraiment aussi "sûrs" que le prétendent les fabricants.

Le Dr Füllmich a ensuite réitéré les propos de Yeadon selon lesquels les "vaccins" actuellement dispensés ne sont en réalité pas des vaccins, mais "quelque chose de complètement différent. Ce n'est classé comme un vaccin que parce qu'il est utilisé comme un vaccin". Or, il ne s'agit pas de vaccins, mais de substances qui relèvent de la thérapie génique, de la manipulation génétique. Le pire, c'est que de très nombreux effets secondaires (graves) peuvent ne pas être liés à ces substances, précisément parce qu'elles sont faussement utilisées comme "vaccins".

La première étape est la sensibilisation, la deuxième étape est l'action.

Peut-on encore arrêter cela ? La prise de conscience est la première étape de la résistance", dit Koire. L'action est la deuxième étape. Les gens doivent comprendre que nous sommes aujourd'hui conditionnés à rester passifs, et à penser que si nous appuyons sur "j'aime" sur les médias sociaux, nous sommes politiquement actifs. Mais vous n'êtes pas un activiste politique si vous ne sortez pas de chez vous". D'où tous ces verrouillages et cette distanciation sociale - ils veulent déclarer à l'avance illégale et impossible toute opposition de masse à ce plan de démolition et de contrôle total de l'Agenda 21.

Et ne dites pas que votre gouvernement est si mauvais que vous ne pouvez rien y faire. Je suis sûr que ça en a l'air, mais c'est parce que vous avez laissé les choses aller si loin. Ça ne s'améliorera pas si vous laissez faire. C'est pourquoi nous pensons que vous devez vraiment "occuper" votre gouvernement (occupy, également "saisir", "occuper" ou "occuper"). ÊTRE votre gouvernement. Oui, nous sommes dans la partie finale, et il ne reste plus beaucoup de temps. Donc, vous auriez dû faire cela il y a un certain temps'.

Les gens doivent commencer à reconnaître l'Agenda 21, même dans leur propre localité et région. Parlez-en à votre conseil local. Parlez-en continuellement aux représentants du peuple. Il est probable que chaque point de l'ordre du jour de votre conseil municipal soit lié à l'Agenda 21". Elle conseille aux gens de consulter son site web et de lire son livre afin de "découvrir comment ils manipulent l'opinion publique, pour que vous ne leur causiez pas de problèmes. Ils veulent que vous restiez chez vous dans votre fauteuil".

Alors, agissez, parlez aux gens et aux responsables, distribuez des tracts, partagez des vidéos, écrivez et publiez à ce sujet. Parce que le simple fait de savoir que cela se passe, sans rien faire, ne suffit plus. Il faut devenir politiquement actif et être prêt à ne pas tout reprendre immédiatement à son compte.

Par exemple, ils veulent commencer à remplacer la réalité par la RV (réalité virtuelle), parce que cela rendrait la vie tellement plus amusante. 'Mais dès que vous commencez à faire cela, votre vie est terminée. Donc, vous devez résister.'

Ne croyez pas Wikipédia, l'Agenda 21 est un programme anti-humain.

"Où que vous travailliez, où que vous soyez, parlez-en. Beaucoup de gens n'aimeront pas cela, et ne vous aimeront pas (plus). Mais qu'il en soit ainsi, car ce plan est réel, et il est mis en œuvre en ce moment même, que cela nous plaise ou non. L'Agenda 21 n'est PAS ce que Wikipédia vous dit. Il n'est PAS volontaire et n'est pas "non contraignant". Pour vous, ce plan est obligatoire..... Alors combattons-le ensemble. Nous devons tous nous y opposer.

Ils le vendent comme quelque chose qui va améliorer et sauver le monde, le climat, l'environnement. Mais (l'Agenda 21 / 2030) est un agenda anti-humain qui est mis en œuvre en ce moment même. Nous ne voulons pas emprunter ce chemin sombre, ce chemin vers la tyrannie".

Nos autres livres

Consultez nos autres livres pour découvrir d'autres informations inédites, des faits exposés et des vérités démystifiées, et bien plus encore.

Rejoignez le cercle exclusif des médias de Rebel Press !

Chaque vendredi, vous recevrez dans votre boîte de réception une nouvelle mise à jour de la réalité non rapportée.

Inscrivez-vous ici dès aujourd'hui :

https://campsite.bio/rebelpressmedia